T0149681

Amor eterno

Amor eterno

MVC

Número de Control de la Biblioteca del Congreso de EE. UU.:   2018905959
ISBN: Tapa Dura   978-1-5065-2536-5
             Tapa Blanda   978-1-5065-2535-8
             Libro Electrónico   978-1-5065-2534-1

Información de la imprenta disponible en la última página.

Fecha de revisión: 06/06/2018

Para realizar pedidos de este libro, contacte con:
Palibrio
1663 Liberty Drive
Suite 200
Bloomington, IN 47403
Gratis desde EE. UU. al 877.407.5847
Gratis desde México al 01.800.288.2243
Gratis desde España al 900.866.949
Desde otro país al +1.812.671.9757
Fax: 01.812.355.1576
ventas@palibrio.com
779610

Introducción

El amor es el principio más grande que rige el universo, todas las personas que habitamos en este mundo necesitamos dar y recibir amor para poder vivir feliz, necesitamos el amor de nuestros Padres, Hijos, Esposos, Amigos y principalmente de Dios.

El amor de Jehová es la gracia que trae la salvación a nuestras vidas, porque de tal manera amó Dios al mundo, que envió a su hijo unigénito, a morir en la tierra para limpiar nuestros pecados **(Juan: 3:16)** por lo tanto, el amor que Él nos brinda limpia nuestros pecados y también nos enseña cómo vivir mientras esperamos la segunda venida de Jesús.

Es muy importante que todos entendamos el gran amor que Dios nos brinda, para que así podamos servirle y obedecerle, la gracia de Dios, manifestada en Jesús, nos permite nadar contra la corriente y nunca cansarnos, pues nos fortalece constantemente para mantenernos fiel a sus mandamientos.

El presente libro nos habla sobre el amor que siente Dios por sus hijos y a medida que vayas leyendo te ayudará a entender lo feliz y bendecido que puede ser tu vida si decides caminar de la mano de nuestro Señor Jesús y estando dispuesto a cumplir todos sus mandamientos, aceptando que Dios es el camino, la verdad y la vida.

Está escrito con mucho cariño para ti, si quieres conocer más acerca del amor de Dios y de Su gracia, ¡te invito a leer este libro!

En este hermoso día, día de liberación le doy las gracias a mi Padre Dios que me ha dado la oportunidad de escribir este hermoso libro, le doy las gracias a mi Redentor por darme la vida y por la oportunidad de nacer, crecer, multiplicar y ayudarme en el transcurso de mi vida con mis luchas y problemas, por brindarme la capacidad de esperar concentrada y envuelta en su gran amor incondicional día a día y esperar el día de mí muerte en este mundo dejando mi pasado atrás, para concentrarme en mi futuro en esta tierra.

Más buscad primeramente el reino de Dios y su justicia y lo de más será añadido **(Mateo 6:33)** nos dice el Señor, este es mi presente es lindo, hermoso, maravilloso, feliz y alegre estoy viviendo cada día con la misericordia de Dios y su gran amor. Disfrutando de la justicia, de su gracia, y de su perfecta bondad incondicional, solamente nuestro Padre celestial puede darnos la felicidad, la paz y la fidelidad; Él, es el fundamento de cada persona que le deposita su confianza mientras que lo clames con fe y verdad; tenemos que darle gracias a Dios que nos prestó la vida y por ser nuestro Padre aquí en la tierra.

Solo en Jesús, que es la roca eterna, podemos depositar nuestros pecados, culpa, tristeza, dolor, angustia, soledad, por fin después de tanto tiempo siento que tengo vida y en abundancia; puedo respirar mejor el aire de este mundo, que maravilloso ha sido su poder y lealtad; Dios es tan grande, misericordioso y amoroso para llamarnos sus hijas e hijos que lo buscan y lo aman. Después de tantos años cargando una cadena en mis pies, llevando una carga en mi espalda, arrastrando ese peso por toda una vida y no saber cómo tirarla y sentir que mis manos están atadas.

¿Cómo despojar una culpa sin merecerla? mi inmadurez, mi dolor, mi ignorancia, el no ver ni sentir tanto amor que mi Padre Dios tiene para mí en este mundo y no reconocer que, Él siempre está a mi lado sin merecerlo, tal vez el vacío o la necesidad de una mano que me mostrara y la soledad que preguntaba ¿a dónde puedo ir antes que muera y de mi último suspiro en este mundo? ¡cuanto dolor sin poder entender cuando no hay respuestas del porqué a mí me tocó de esta manera de vivir! así quizás cuando me hacía tantas preguntas a solas con Dios de ¿por qué? y ¿para qué? es cuando quizás me ha ayudado hasta este momento de tener en mi vida y sentir esa libertad de ir a Él y reclamarle por mi existencia.

Es cuando, pude realmente ver que tan grata es su misericordia y amor, porque siempre estaba y estará allí como un compañero fiel, su amor nunca cambia Él era, es y será por siempre nuestro Padre incondicional llamado Jehová, será eterno porque siempre estará allí mostrándonos como soltar el dolor innecesario que nos lastima y nos da paz en nuestra vida para siempre.

En el transcurso de mi vida sentía que traía halando por un momento, un cajón lleno de mentiras, dolor, tristeza, amargura, soledad, desesperación; era tanto el peso que traía a cuestas, pero era yo la que no lo soltaba, mi orgullo de mujer era muy grande y también mi enojo, estaba sin poder entender el vacío extraño que se siente cuando estás sola; pero, realmente nunca estás sola siempre estás con Dios, no existen palabras como agradecerle todo lo que ha hecho en mí y sé que así, como me sanó, lo puede hacer con cada persona que le pida con fe.

Hoy en día por fin puedo decir soy libre; libre para amar, libre para perdonar libre, para olvidar y libre para gritarle al mundo; estoy libre de culpa, de sufrir, soy libre para decirle a mi Creador: gracias, gracias a Ti la piedra que traía cargando por años, ya no, la cargo, porque Tu mi Padre, mi Redentor, mi amigo me la has quitado. Actualmente, estoy libre, estuve presa por tantos años, pero por fin mi Padre me liberó, me quitó todo lo que no necesito, por fe me lo quitó y el peso de mi espalda lo tiró muy adentró del mar, ahora en mi corazón se encuentra una paz interior inexplicable, llegó una fe diferente, una alegría genuina que solamente la da nuestro Padre, el ser que nos otorga la vida y nos formó con sus manos.

Dios es el único que llena nuestro ser, es Él quien nos da su perdón, es en Él donde podemos depositar nuestras cargas y encontrar esa paz, libertad y amor que buscamos a diario por medio de la oración, dependiendo de su gracia porque es nuestro Padre redentor, el Creador que nos presta la vida, el sustentador de cada ser humano y de cada objeto que existe en este planeta y eternamente será así mientras vivamos en este mundo; unos llorando, otros cantando, riendo y otros sufriendo un amargo dolor llenos de confusión buscando amor, reclamando y echándole la culpa a Dios.

Toda la humanidad se ha corrompido, unos correrán para allá, otros se esconderán buscando amor por esta humanidad y para esta humanidad, se concentrarán en el amor terrenal pero el amor verdadero de Dios no lo encontrarán, ni lo buscarán y será doloroso para esta humanidad; el amor se enfriará, la ciencia aumentará y los seres humanos andarán tan ocupados en sus problemas, buscándole una solución, arreglando sus inconvenientes sumergidos en las luchas, dolor y sufrimiento sin saber cómo llenar el vacío que los mismos seres humanos se han infringido y se han hecho adictos al sufrimiento cuando el alivio y la respuesta la podemos encontrar solamente en nuestro Señor Jesucristo.

Los mismos seres humanos que han querido representar el mal fueron buscando en esta sociedad el alivio y el descontrol en los vicios, su corazón les cambiará para siempre no entenderán y se lamentaran; habrá hombres amadores de sí mismos, avaros, vanagloriosos, soberbios, blasfemos, desobedientes a sus Padres, ingratos, impíos sin afecto natural, implacables, calumniadores, intemperantes, crueles y aborrecedores de lo bueno, traidores, impetuosos, infatuados y amadores de los deleites más que a Dios **(2° de Timoteo 3:2-4)**. Sin ver lo bueno, traidores, impulsivos, ingratos, crueles, perversos andarán con mujeres y el dolor va a aumentar sin poder entender ¿por qué? en tan poco tiempo se acabará el amor para ellos, porque pondrán primero los vicios, placeres y de Dios se olvidarán.

El amor se enfriará para todos los que han elegido el mal, andarán perdidos en tanta suciedad que los envolverá, de la piedad, se olvidarán, se unirán a la maldad y del bien se apartarán; para los ingratos, mentirosos y crueles no existirá nada de gracia; cada ser humano se va a confundir, los padres, la ciencia, las religiones, la familia que formarán, los deportes, las mujeres, las enfermedades y tanta corrupción, habrá muertes, terremotos, mentiras, el vino y la alimentación los van a confundir, pero, todo esto es principio de dolor para toda la humanidad; Pero tú, Daniel, cierra las palabras y sella el libro hasta el tiempo del fin, muchos correrán de aquí para allá y la ciencia aumentará **(Daniel 12: 4)**.

En los últimos días, los seres humanos andarán errantes de aquí para allá buscado la verdad, ensuciando y dañando la humanidad, ay de los moradores de esta tierra, porque al dragón le queda poco tiempo, es una decisión de cada ser humano que vive y vivirá en este mundo tarde o temprano la tendrá que tomar. Le doy gracias a mi Padre Dios que me prestó la vida, porque yo decido vivir sin miedos, culpa, dolor, tristeza y amarguras. Sé que nací para representar el bien en este mundo y Él me llamó a limpiar la tierra que otro ensucia con la guerra, placeres, sus hechos y su forma de vivir, pensando que este mundo lo gobierna el mal y yo nací para esperar cielos nuevos y tierra nueva, para decirles a otros que busquen el bien y se alejen del mal.

Sé y tengo convicción que a este mundo vine a defender el bien del mal y mientras tenga vida en Cristo Jesús, mientras tenga uso de razón sé que en este tiempo me tocó confrontarme con el mal, nacer, crecer y vivir de una manera que no quiero pero lo voy aceptar porque yo nací para amar, perdonar, olvidar y respetar a todo ser humano que es creado por obra de mi Señor; aunque el mal no lo merezca y por qué no creo lo mismo, que cree el mal, yo sé que fue, es y será la voluntad de mi Padre celestial por amor a mí, sé que su voluntad es que me mantenga viviendo y agarrada del bien y nada me pasará. Vivo para dar gracias todos los días de mi vida, cuando Dios te llama, te llama y lo único que me ha tocado hacer es ser obediente a su mandato y ver día a día su gran amor que tiene conmigo.

De niña esperaba y clamaba por un milagro y por fin después de tantos años de pedir lo mismo por fin un día llego y se quedó para siempre, me dio un nuevo corazón; vino sobre mí un cansancio enorme, me sentía agotada cerraba mis ojos y mientras estaban cerrados, entre abiertos mire cuadros grandes y pequeños eran tan hermosos que nunca mis ojos lo habían visto jamás y vi una montaña en la colina, el sol brillante en un hermoso atardecer, vi un árbol bien pequeñito y bien recto sin hojas sembrado en el camino, mientras caminaba me encontré con otro árbol, este era más grande lleno de hojas verdes yo lo observé pero no me detuve, seguí mi camino y encontré otro árbol más grande con ramas grandes, sus hojas verdes brillando, lo observé y seguí mi camino mientras caminaba vi otro árbol mucho más grande, muy alto que tocaba el cielo, sus ramas tocaban el suelo, sus hojas verdes brillaban de verdes y vi un Anciano sentado en sus raíces vestido de blanco, me acerque él tenía sus ojos cerrados, yo lo admiraba entre dormida y despierta.

Fui a un lugar buscando un Padre, me imaginé que ese Anciano podría ser mi Padre terrenal, la visión me llevó a un lugar donde habían muchas vacas de blanco y negro; deseaba quedarme en ese lugar pero oía una voz que me decía regresa a tu lugar, cuando regresé el árbol grande y el Anciano ya no estaban; en mis pensamientos miraba ese Anciano como si fuera mi Padre terrenal que no tuve en esta tierra, le llamaba angustiada Padre dónde estás, seguidamente vi un cajón grande que tiraba humo y subía al cielo, tenía cara de hombre se miraba bien fea su cara, estaba enojado y una voz me dijo no toques, yo estaba lista a tocarlo.

Esa misma semana me fui a un campamento con toda la Iglesia de Mansfield y con mi nieta anduve participando en las actividades, de repente se puso muy oscuro, era sábado y apenas habíamos terminado nuestro culto de servicio de adoración, mientras íbamos para la carpa, empezó a llover cuando llegamos a ella, le pregunté a mi nieta ¿Quieres que cantemos? Dijo: Si, ella con apenas tres años le encantaba este corito, se lo sabía de memoria, empezamos a cantar una y otra vez: *Lámpara tu palabra es a mis pies y una luz a mi andar si siento yo temor contigo, estaré, tu estas a mi lado y nada temeré contigo estaré no me dejes nunca,* este corito lo estuvimos cantando una y otra vez.

Cuando yo paraba mi nieta de repente me repetía como un angelito: no pares otra vez canta, quería que yo no parara de cantar ese hermoso himno y así nos la pasamos mientras pasaba la lluvia, de repente de tanto cantar la Niña se quedó bien dormida, al verla de este modo, también me dormí, seguidamente volví a tener el sueño, vi un Anciano y pensé que era mi abuelito que tuve por un tiempo aquí en la tierra, ese abuelito que tanto amé, fue mi mejor amigo cuando era niña, sé que para él yo fui su nieta preferida tal vez por la forma como me trataba, con tanto afecto, amor y cariño; sé que él me amó mucho, la vida me lo quitó y siempre crecí con un vacío por no tener un Padre a mi lado y un Abuelo que me hiciera reír.

El Anciano me llamó y me llevó a un lugar que era un rancho bastante grande, era un lugar muy feo, había lodo, mucha suciedad, con muchos animales, miraba muchas vacas llenas de lodo podrido en sus patas, olía bien feo el lugar, se miraban con parches de blanco y negro; las vacas eran gordas comían dormidas, también, tenían muchos becerros y las miraba masticando, otras estaban dormidas, al mirar al Anciano y a mi cerca salieron corriendo, y vino la persona que las cuidaba se miraba malcarado, de repente me vio a los ojos; sacó un rifle y me dio directo al corazón.

El Anciano me llamaba y en mi dolor quería abrir los ojos, me concentraba para oír lo que el Anciano hablaba cerca de mí, ¨yo te cargo no te preocupes¨ decía, mientras el Anciano me dijo al oído aquí te dejo, vi una calle larga llena de polvo y comencé a barrerla con una escoba que salió de la tierra, barría y barría y entre más barría salía lodo del suelo, no veía como terminar ni tampoco avanzaba, me sentía cansada y agotada; mientras limpiaba la calle agarre valor y recordé la voz que había oído mientras limpiaba el camino, recordé mi niñez

que crecí sin nada muchas veces enojada con Dios por
tener hambre, y sin dinero. Miraba fincas de algodón,
caminaba y caminaba en un surco, las flores de los árboles
de algodón golpeaban mi cara; con mi dolor ya no podía,
las piernas me dolían tanto que las llevaba arrastradas,
de repente cuando no pude más y siento que muero,
clamo en mi sueño a Jesús; luego veo un sol y un cielo
abierto resplandeciente y me lleno de paz y de gozo; vi
un paisaje tan hermoso que nunca había visto y desperté
de mi sueño, ya la lluvia había pasado, llovió tanto, sin
embargo la carpa donde estábamos durmiendo mi nieta
y yo no entró ni una gota de agua.

Abrí la puerta de la carpa y mire hacia el cielo, estaba más hermoso de lo normal, sentí que estaba en el tiempo de Abraham cuando estaba en la carpa con su familia, pasaron varios días, me dolía constantemente mi corazón y le reclamaba también a Dios, por otros sueños como el que había tenido anteriormente y de repente una noche sentí que alguien me agarró y me llevó a una montaña bien arriba y me mostró muchas estrellas en el cielo, me acerqué tan cerca de ellas, que casi las tocaba con mi pelo y con mis manos el cielo, de repente sentí que alguien me agarró en sus brazos era una iluminación maravillosa, cuando recuerdo desperté y estaba en mi cama, no tenía miedo porque fue un momento tan maravilloso.

En el transcurso del tiempo, oía una voz de ángeles que decían ella es águila blanca, si gloria a Dios en las alturas y en todo lugar, yo asombrada no decía nada, estaba entre dormida y despierta de repente veo una cara bien grande cerca de mí que me dijo: Abre la boca y calla, me puso algo grande que brillaba en mi boca pero antes de ponérmela me dijo: Esto es amargo y dulce, a mí no me dio tiempo de decir nada, de repente me bajaba un sueño que no entendía y lo único que deseaba era escribir todos los días,

me levantaba a escribir de madrugada sin poder entender
que era lo que estaba pasando, comprendí que era un ángel
que había bajado desde el cielo para estar conmigo.

Mis pensamientos empezaron a cambiar me estaba
convirtiendo en una persona diferente, me dieron ganas

de estudiar la Biblia, no tenía una en casa; la que tenia se había desaparecido en la Iglesia de Mansfield y por más que la busqué, no la encontré y no tenía acceso a una, el ángel me decía una y otra vez cambia tu vida, cambia tus pensamientos y así lo empecé a hacer, me llevó a recordar todo mi pasado de niña cuando crecí sin mis Padres, me llevó a ver mi presenté y mi futuro, vi un árbol verde grande frondoso y mucha gente a mi alrededor y él me dijo: Este árbol verde eres tú.

Vi un árbol seco con mucha gente, con miedo y pavor en su rostro; la gente corría y se alejaba del árbol seco, él me dijo: El árbol seco es tu esposo tu naciste para él, no tengas miedo Jehová estará contigo, vi muchas mujeres vestidas de blanco que iban caminando en un camino unas se quedaban en el camino otras de repente se salían del mismo, miraba que el camino terminaba y era como una tumba, al final me llevó a una montaña y vi los cielos abiertos, caían pelotas de juego; vi los cielos abiertos con mucha furia, yo tuve miedo, me tapaba la cara y alguien me decía: no temas ni desmayes, vi dos columnas grandes altas que tocaban el cielo habían muchas personas a cada lado de las columnas, las personas traían platos grandes desesperadas buscando que comer, las columnas salían de la tierra seca, le pregunté a la voz que oía ¿qué significan? y me dijo que una es el Sábado y la otra el Domingo y que la dos van a la par.

Me levantaba a escribir cuando podía y me repetía una y otra vez lo mismo, como no entendía que era lo que me estaba pasando, perdí mucha fuerza y entraba en pánico, cuando estaba sola de repente me sentía melancólica y era yo, quien le llamaba Maestro ven a enseñarme dame tu Espíritu Santo, le pedía otro corazón que sea de carne y no de piedra porque ese es y será mi anhelo de tener un nuevo corazón, que aprenda a perdonar y amar a mi prójimo. Mientras iba caminando Él me llevó al mar, miraba las olas grandes que me perseguían y me aventaban a la orilla, yo cargaba un niño en mis brazos, para que el niño no se ahogara lo arropaba con mis manos, miraba al mar y le miraba la cara, tenía mucho miedo y de repente despertaba de mis sueños.

Un día muy temprano iba para mi trabajo y subí la mirada hacia al cielo y sentí en mi corazón como si alguien me estaba haciendo una cirugía, ese día descansé tanto, como si alguien me había quitado una piedra y desde ese día nunca fue ni será igual, vi una águila blanca bien grande en el cielo, oí voces que decían ella es águila blanca, esa águila blanca eres tú, oía voces bien cerca de mi oído que repetían eres águila blanca; no entendía lo que me estaba pasando, llegué a mi trabajo y nuevamente oía unas voces que repetían: ella es blanca, blanco es su color, yo me recordaba del himno "Habla Señor a mi alma" y lo cantaba una y otra vez en mis pensamientos. En los momentos que me encontraba hablando y cantando cada vez que oía esas voces me asustaba, porque no lograba

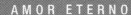

ver a nadie, a medida que iba pasando el tiempo iba entendiendo las profecías, las religiones, la gente, el bien y el mal; cada tema que he oído todos los sábados de servicio y en todo lugar, sé que nací para este tiempo y que estoy en las profecías para cumplir con la voluntad de mi Padre Dios es el dueño de mi existencia.

Las profecías de la Biblia las estoy entendiendo cada día más, sé que Dios me llamó a estar firme como el águila blanca que representa el mensaje de los tres Ángeles, para el tiempo del fin, sé y estoy consciente que por fin lo que he vivido es un llamado de Dios para que les haga saber a todos que estamos en los tiempos del fin, para que busquemos una conversión como pueblo remanente, para que nos preparemos a vestirnos con ropas blancas para recibir su sello, la lluvia tardía y revivir su Santo Espíritu; antes que empiecen a caer las plagas a esta tierra; será maravilloso verlo por fin descender de las nubes con poder y gloria, por fin Dios mi Padre Redentor me ha restaurado de tantas mentiras, conflictos, problemas, miseria y dolor. Sé que mi presente es vivir con la esperanza que un día veré el rostro de Jesús porque es Él único que conoce mi pasado, mi presente y mi futuro.

Yo nací en este mundo para amar, perdonar, olvidar y disfrutar el presente a su lado, de lo demás mi Creador se encargará, solo el podrá explicar porque me eligió a mí en este tiempo del fin y del porque nací para este tiempo. Muchas veces, estuve soñando con agua sucia que se mezclaba con agua limpia, miraba a una persona que me empujaba para que corriera y llegara a una montaña bien alta, mientras caminaba por la cima vi una niña que cayó en el barranco, traté de ayudarla, pero no me dejó, el lugar estaba pedregoso, vi un hombre bien vestido con traje negro, vio que se caía y no hizo nada, cuando yo vi ese cuadro me molesté con ese hombre, yo lo vi pero él hizo que no me vio, entonces comprendí que el sol sale para malos y buenos, la lluvia y todo lo que Dios ha creado en este mundo es para disfrutar y ser feliz.

Sé que cada momento de mi vida son prestados y sé que me tocó vivir esta tormenta que me ha enseñado a ser valiente y fuerte como el águila blanca, quiera o no pasará el tiempo y ese será mí tiempo amargo y dulce con mi Creador el dueño de todo este universo. Mientras fui a mi pasado vi mi pueblo donde crecí, solo se encontraban dos hombres limpiando la tierra con machetes, el lugar estaba desolado, los arboles estaban secos, el agua cubría las casas, los habitantes estaban debajo del agua; yo me subí a una escalera y podía ver todo mi pueblo desolado, tuve miedo porque, los hombres cuando me vieron me perseguían, fui al hogar donde crecí y oí una voz que me dijo: Honra a tu Madre y adora aquí.

Vi tres templos y le pregunté ¿Por qué tres? y me llevó al presente, vi un grupo de gente buscando una salida, fue muy rápido lo que vi, posteriormente me trajo a mi futuro y me dijo: No preguntes más, ya estás bien; mis pensamientos dijeron si y volví, hasta hoy reconocí que mi Ángel y su Santo Espíritu siempre están conmigo, yo decido cuando los necesito, en mis luchas o problemas, es una promesa que Él siempre estará con nosotros ayudándonos en cualquier problema, lucha o tormenta, por fe y amor.

Mis pensamientos van conmigo mientras viva en este mundo y tenga uso de razón estaré, comprendiendo, ayudando, orando y aprendiendo a amar otra vez sin miedo, ni rencor, culpa, odio o dolor; la niña joven e inocente murió abandonando el pasado, disfrutando el presente y buscando cada momento para ser fiel a mi Padre Celestial, cuando la desconfianza llega te lastima, te arrastra, te corta el alma y toda tu piel te duele, entra un luto muy adentro de tu ser y el amor que tu pensaste tener, te duele cuando es sincero y no sabes ¿qué hacer? cuando las emociones del alma te lastiman sin querer, si el verdadero amor hablara se desplegara de la fuente, de poder comprender un poquito de esa chispa, de una luz maravillosa que está en cada ser que Dios con tanto amor ha creado.

El amor verdadero no te debe lastimar ni ofender, el amor genuino te ayudará, cuando tropieces o puedas resbalar, el amor verdadero te trae paz y tranquilidad, el amor puro no ofende, te consuela saber que tu verdaderamente amaste, amas y amarás al ser que decides amar en esta tierra, nadie te obliga a amar a una persona que tú no deseas amar, eres correspondida cuando la otra persona te quiere por lo que eres y te busca con sus ojos.

Su forma de vivir es diferente, si es que sabes que naciste para amar, si es que de niño o niña conoció y comprendió la palabra amor, cuando él o ella sabe amar esa palabra la ama y la hace suya, la cuida la comparte con los demás y vive esa verdad de compartir su amor verdadero, es como un espejo que nos muestra la verdad de la mentira, si realmente amamos a Dios o lo adoramos es por amor, lo buscamos por amor, somos libres de hacerlo nadie nos obliga y así es el amor terrenal, nadie nos obliga a amar a otra persona nosotros decidimos por nuestro propio albedrío de hacerlo o no.

Cuando el amor llega tú lo sientes, cuando llega se quedará por siempre, si es que llegó a tu corazón, sabes si lo pediste a tu Padre Dios, Él te hará olvidar todas tus penas y tus pensamientos cambiarán para siempre; si un día encuentras el verdadero amor en tu vida cuídalo, protégelo, amalo y respétalo, el tiempo se encargará de enseñarte si realmente lo que sentías era amor de verdad o no. De los malos pensamientos, de las dudas, de conflictos, tristeza y dolor Dios se encargará. El amor se enfriará, eso es lo que dice el dicho o que el dinero lo cambiará, no es cierto, el amor nunca muere, lo que muere son tus decisiones, tus hechos o tus pensamientos, los cuales se entretienen en otras cosas, pero el amor verdadero nunca muere, ya que es un principio divino.

Es una elección de cada persona de no dejarlo morir y tal vez de no haber entendido el concepto del verdadero amor, las parejas que oran juntas permanecen juntas, si a solas nos encontramos nos daremos cuenta que la salvación es personal y vamos a buscar a Dios de forma individual, no esperando que nadie nos ame; sabiendo que tenemos un Padre Celestial, un amigo que se dio así mismo por nosotros, Él está dispuesto siempre a amarnos de esa forma, tratamos de ser agradecidos y le damos nuestro tiempo, que realmente no es tiempo de nosotros sino de Él, sabiendo que nuestro cuerpo no es nuestro; sino que es prestado y como este cuerpo es prestado; oramos bastante todos los días, primero por nosotros, luego por lo demás y después por los unos a otros.

Reímos por todo lo que no existe en este mundo; porque nuestra confianza en Dios es tan grande que estamos seguros que tendremos cosas que ningún ojo ha visto y ningún oído ha oído, es lo que Dios tiene preparado para cada uno de nosotros, nunca nos rendimos hasta no encontrar la verdad que buscamos en los diez mandamientos, en su amor encontramos misericordia y en sus promesas nos agarramos de su verdad, solamente en Él podemos encontrar la paz, la tranquilidad y el verdadero amor que nos habla de todo lo que Él hizo en la cruz, por cada uno de nosotros y desde la creación dio su verdadera justicia.

Si le decimos a alguien que busque a Dios de todo corazón es porque lo amamos y lo apreciamos, porque tratamos de cumplir el mandato de Dios cuando Jesús le dijo a los discípulos: Id a todo el mundo enseñándoles a guardar todas las cosas, Él ya nos lo ha dicho, si vamos los Sábados es porque sentimos el fervor de Jesús y estamos dispuestos a aceptarlo como nuestro prójimo, oramos todos los días y leemos su Santa Palabra, abrazamos la fe y la confianza para practicar el perdón y tirar el rencor, siempre cantamos alabanzas alegres para no sentir el dolor y gozamos por amor cada momento que nos presta, disfrutamos alegres, buscamos la felicidad para vivir con mucho amor en nuestro corazón, fijamos nuestros pensamientos en un mundo nuevo donde no entrara pecado ni ninguna confusión, mucho menos corrupción. Él es esa llave que abre, cada corazón que se arrodilla los siete días de la semana pidiendo sanación en medio de la tribulación y en cada momento que tenemos libres lo clamamos con la oración para que sea Él quien tome todo nuestro ser.

Le ponemos todas nuestras cargas, luchas, tristezas y desesperación porque estamos seguros en el mundo entero en quien confiamos es nuestro Redentor, quien nos ha llamado a preparar el camino para que todo el mundo sepa que Él es nuestro amparo y fortaleza en cualquier tribulación, lucha o problema, solo a su lado encontramos el refugio que arropa a todo pecador que lo acepta y le da todo su pesar; no existe un lugar más bello que estar en su Santo Templo y clamar por un nuevo pensar, no hay nadie que pueda abrir el corazón como lo hace su amor inmensurable, Él toma el corazón lo limpia y mira cada célula dañada, remueve todo lo sucio y lo que nos hace daño en nuestras vidas; si es dolor, pesar, tristeza o ansiedad de nosotros depende como le pedimos y como queremos ser sanos, hay mucha maldad en este mundo y siempre lo ha habido pero todo aquel que clama sentirá ese toque divino, siempre que le pongamos en primer lugar, siempre estará allí esperándonos, si es que lo reconocemos y nos postramos a sus pies.

Dios es esa llave que abre cada corazón que se arrodilla pidiendo sanación en medio de la tribulación, hay que darle a Él todo nuestro ser, ¿para qué, esperar? Si Él desea entrar a cada hogar y morar en cada corazón de nosotros, depende como lo necesitemos, es una decisión de cada uno de nosotros, Él es el refugio que arropa a todo pecador que lo acepta y le da todo su pesar; sé que mi Redentor vive por eso lo busco, lo clamo, lo persigo e insisto todos los días, sé que mi Redentor me oye por eso lo adoro, le imploro y me gozo, Hablando con el todo el día, sé que mi Redentor, es fiel por eso lo amo, me levanto y tiro las penas al olvidó, noche y día, sé que mi Redentor regresara por eso me preparo, le canto, me rindo, suspiró y lo espero, sé que mi Redentor me llama, por eso lo sigo y comparto con otros la dicha que se siente ahora, sé que mi Redentor me prepara una mansión donde solo habrá dicha, paz, amor, alegría, ganas de cantar y descansar con gozo por siempre, no hay palabras para explicar la alegría que solamente da Cristo, cuando le permitimos que entre a nuestro corazón y se quede para siempre, no existe palabras como explicar.

Son muchos los seres humanos que se separan, se casan con otra persona buscando llenar ese vacío, se unen a otra persona pero se siguen amando por siempre, el corazón es el mismo, el amor es el mismo todo es lo mismo; ayer amaste, hoy amaste y mañana amarás, si aprendes a vivir día a día, comprenderás que de la misma manera se ama todos los días, cuando Dios dijo amarás a Dios sobre todas las cosas y a tu prójimo como a ti mismo, se refería a que tenía que ser frecuentemente, es decir, todos los días, si todo el mundo pudiera entender este concepto se evitarían tantos divorcios, pleitos, rencillas, separaciones que lastiman a las personas, las parejas vivieran vestidos con ropas blancas desde el día que se casan, si los hombres pudieran entender del ¿por qué las mujeres se visten y se casan de blanco? la mujer fue lo que Dios con tanto amor creó de último y desde ese día, la formó para que ella fuese obediente, y mantenga su pureza, y la comparta con su esposo e hijos y así sucesivamente con los que tiene a su alrededor.

La mujer por naturaleza Dios la formó obediente, cuando una mujer se casa el carácter de su amado Adán la va trasformando para bien o para mal, si es que tuvo Padres que representaron aquí en la tierra

Adán y a Eva; ella será amable, obediente, cariñosa; si es que ella pudo entender, porqué se casó y para ¿qué? Cada hombre Cristiano representa un Abel moderno aquí en la tierra obediente a Dios y a sus Padres, será ejemplo de generación en generación, claro tiene que haber entendido el concepto del verdadero amor que tiene Dios para él, así como para su amada esposa, buscará y se preparará como soldado de Jesús para cuidar a su familia, entenderá y se sustentará de la palabra del Creador cada día para vencer en el tiempo y tener una Eva de Madre que le dé buenos ejemplos y mucho afecto fraternal, después de Dios es mi Esposo, mis Hijos, mis Hermanos y todos los que están a mi alrededor, las parejas, a medida que va pasando el tiempo se les olvida que cuando se casaron dieron una promesa a Dios que iban a amar a esa persona, a cuidarla, a respetarla hasta que uno de los dos muera, en esto consiste la mayor controversia de este mundo en que cada persona decide lo que quiere dar a su Creador y a la sociedad.

El amor verdadero nunca muere, es una institución entre Dios que lo inventó de formar una mujer y un hombre, y esto con la finalidad de que estén juntos para siempre, para que ellos aprendan a amar en las buenas y en los tiempos malos, la justicia de Dios es eterna y sus juicios son eternos, todo está en sus manos, el amor será probado en una balanza especialmente en los últimos días, los hombres y mujeres se justifican buscan perdón, la bendición y se casan una y otra vez.

Dios en el juicio les pedirá cuenta, más si ellos dejan arbolitos solos tristes y sin ningún amparo de tierra firme para enterrar sus raíces, tarde o temprano se torcerán, tendrán hambre de hacer el mal, el mismo dolor los inducirá a hacer el mal, se esconderán de los hombres que gobiernan este mundo pero no de Dios, Dios de ante mano creó un hombre y una mujer para que fueran ejemplo de generación en generación, las mujeres que se emancipan con resonancia, otras se justifican usando el nombre de Dios en vano, Dios no cambia su amor, es eterno el ama a cada persona creada en este mundo su amor es incomparable e inmensurable, ama al pecador pero aborrece el pecado.

El bien y el mal van a la par, usan el nombre de Dios para todo ¿Qué tiene que ver el amor verdadero con todo esto? depende de tu libre albedrío a quien tú quieres honrar, ¿depende cómo creciste? ¿Quiénes fueron tus Padres? cómo fue tu niñez? si conociste tus Padres y a medida que ibas creciendo, si ellos te mandaron a la escuela y si conociste la historia te darás cuenta que desde que Dios creó este mundo ha existido el bien y el mal, no tiene nada que ver con el amor de Dios porque Él lo creó con el fin que cada persona decida con su propio albedrío en cuál bando representará en los tiempos finales de este mundo.

Unos se irán por mil años y otros se quedarán con los huesos de Satán aquí en la tierra porque este mundo es gobernado por Satán, Dios se lo dio a Satán desde antes de formar la primera pareja, nuestro Señor nos pone en el camino a las personas que Él quiere, el cristiano fiel y verdadero es así. Desde que conocí a Cristo y le rindo fidelidad ya no vivo yo, más vive Cristo en mí. Dios le da a cada ser humano su libre albedrío para que lo sepa usar sabiamente, la guerra entre el bien y el mal siempre estarán ahí mientras exista este mundo, unos correrán para allá y otros no entenderán, ni siquiera se darán cuenta para que nacieron, tendrán mucha confusión, la que nunca se ha visto en este mundo, mujeres casándose una y otra vez, los hombres teniendo ya una esposa andarán buscando otra, todo esto se les hará fácil especialmente para el pueblo remanente.

Dios quiere un cambio antes que el empiece a sellar a su pueblo y vengan las plagas por los niños, las familias para mantener su pacto entre Él y su pueblo fiel; las profecías se están cumpliendo paso a paso, mirad que nadie los engañe porque mis pensamientos no son vuestros pensamientos, ni vuestros caminos mis caminos, declara el Señor **(Lucas 55:8).** Si nuestros pensamientos fueran amar a Dios primero y a nuestro prójimo, nuestros hijos, sus hijos y los hijos de sus hijos, nos evitaríamos tanto dolor que hay en este mundo, si todos hacemos conciencia del daño que le hacemos a nuestros hijos cuando permitimos, que Satán traiga otra persona a nuestro hogar será dolor y muertes por todas partes.

Mirad que nadie nos engañe, buscad primeramente a Dios y su justicia y todo lo demás vendrá con añadidura **(Mateo 6:33-34)**, Dios no obliga que amemos a nadie, pero está en su palabra ama a tu prójimo como a ti mismo, en esto consiste la Ley, amarás a Dios de todo corazón y a tu prójimo primero aquí en la tierra porque como le muestras a Dios que lo amas si no amas ni perdonas a tu prójimo, ni olvidas todo el daño que ha dejado en otro hogar u otra familia dejando niños; por todas partes el amor se enfriará, unos correrán para acá, otros para allá, la ciencia aumentará y cada quien buscará hacer lo que le satisfaga, en esos momentos pensad, este ha sido el tiempo perfecto para que todo pasara y el mismo no se detiene.

El amor de nuestro Dios es tan grande, que nació como niño, creció como hombre, vivió sin pecar y creció amando a la humanidad, cuando hay amor verdadero no mides el tiempo, el verdadero amor se da así mismo, sin poder entender del ¿por qué de la belleza del verdadero amor? ya no vives tú, piensas solo en la otra persona, de esta manera te sentirás bien, así es el verdadero amor te olvidas de ti y piensas en la otra persona, siempre es y será importante la persona que tú decides amar, llámese Esposo, Hijo, Nieto, Hermano o cualquier familiar.

Siempre serás tú quien decida aprender a amar y después, si es tu decisión nadie te obligará a hacerlo, es tu decisión y por ser amor verdadero perdonas, olvidas, te levantas y vives el momento dando gracias por la vida, la fe, la esperanza. Vives la vida con propósito, si es que realmente es amor verdadero. El amor es amor y seguirá siendo amor. Cuando el amor está conectado al pámpano o al tronco del árbol nunca muere, se mantiene floreciendo conectado día a día del verdadero amor de Dios que lo formó, y lo puso en cada ser humano que vivió, vive y vivirá en este mundo, no siempre, es cierto cuando dicen que el amor terminó, fue la decisión de cada ser humano en dejar de amar, porque el amor no termina y nunca terminará; porque es una fuente eterna, cada pecador que lo pida puede tener el poder de amar a los demás como a nosotros mismos. Entonces nos daremos cuenta de que el amor es eterno, seguirá siendo eterno y será lo que unirá a Dios con cada pecador que se arrepiente y quiere vivir una vida diferente obedeciendo a Dios por fe y amor no por miedo.

Entonces será cuando entenderás ¿cuánto Dios ama a la humanidad? el amor crece primero cuando nos miramos nosotros, después cuando miramos a nuestro hermano o al vecino, cuando estamos reunidos en un grupo pequeño amaremos poco, si nos reunimos en un espacio más amplio, iremos aprendiendo a amar más. Al inocente que no sabe ¿cómo amar? nunca recibió amor o nunca le enseñaron, ¿cuánto amor nos tiene nuestro Creador?

No es el corazón que cambia sino es nuestra mente, porque cambiamos nuestros pensamientos, si regularmente nos relacionamos con personas, nuestro amor crecerá de una manera extraordinaria, no es el corazón, son nuestras emociones, aprendemos a convivir con los demás y a conocernos más; a unirnos como familia y solo así, nos unirá el amor verdadero de Dios.

Estaremos todos desnudos y nuestros ojos nos enseñarán que todos somos iguales ante Dios, si en ese momento que estuviéramos juntos nos cubre a todos la justicia del Señor, si es que le hemos pedido que nuestro nombre esté escrito en el libro de la vida y le aceptamos por fe esa promesa, entonces llegaría a hacerse realidad en nuestras vidas y su amor llegaría con su gracia eterna, si es que le hemos aceptado de todo nuestro corazón estaremos listos y practicaremos el verdadero amor. El amor es un torbellino de sentimientos encontrados que une a Dios con nosotros, nuestro ser está conectado con Él, a cada momento de nuestra vida, es amor y somos llamados sus criaturas, Mirad ¿cuál amor nos ha dado el Padre, para que seamos llamados hijos de Dios? **(1° Juan 3:1)** Él era amor, es amor y seguirá siendo amor por siempre.

Si permanecemos conectados a Dios el amor de nosotros no morirá jamás, en Él y por Él venceremos, cuan grato es contar con su amor puro y verdadero, de su juicio y su verdad; si de verdad conociéramos el verdadero amor, cantaremos alegres todos habláramos de su amor y su justicia, ellas nos conducirán a ir cada día a la cruz y ver su sacrificio por cada uno de nosotros, nos concentraríamos a buscarlo en cada momento de nuestras vidas, nuestros pensamientos fueran solo de su amor, por amor le obedecemos, por amor guardamos los mandamientos, por amor lo esperamos, por amor compartimos su palabra y no solo es compartirla; sino demostrarle cuanto yo le amo; no de palabras, también, con hechos mostrándole el amor que le tenemos.

Es para siempre su misericordia y gracia por eso le alabaremos con todo nuestro corazón, cantaremos, nos alegraremos, nos gozaremos y nos regocijaremos con nuestro Señor que está viendo, oyéndolo y juzgando a todas las naciones del mundo, por fe. Él nos dará un nuevo corazón, una mente sana, un nuevo cuerpo que es gobernado por y para Él, cantad todos los pueblos y naciones; todos cantad y contad de sus maravillas perfectas y eternas, ellas son nuestras bondades; cantamos con júbilo, gozo, paz, fe, amor y alegría; hemos de esperar el juicio que nos toque en esta corta vida con ropas blancas, su amor, justicia, verdad, gracia y amor nos cubrirá, siempre nos sostendrá.

Por amor estaríamos dispuestos de hacer su voluntad no la nuestra, cuando estamos dispuestos a hacer su voluntad entenderemos lo que dijo el apóstol Pablo: Todo lo puedo en Cristo que me fortalece **(Filipenses 4:13),** claro está el amor nace y se demuestra no con palabras sino con hechos; la conversión la buscamos con fervor y ahincó, cada individuo se mantiene neutro, firme, valiente para no pecar y listo para cualquier adversidad en la vida, cuando mantenemos una comunicación con Dios, nuestra amistad con Él va creciendo cada día más, así es con nuestro prójimo cada día aprendemos a amarlo, porque hemos aprendido a amar a quien Dios ama.

El amor es así se construye con hechos no con palabras, el amor siempre será amor, por amor obedecemos a Dios primero porque fue quien nos prestó la vida, a nuestros Padres porque ellos nos dieron la vida, a nuestros hermanos porque nos acompañan a no crecer solos, si es que tenemos a nuestro esposo o esposa, a nuestros vecinos y así sucesivamente mostraremos el amor a los demás, cuando nadie nos ve, su ojo mágico nos observa, el Redentor nos escucha y está allí atento a oír nuestras oraciones, por amor a cada uno de nosotros nos reprende y nos enseña el camino de la vida eterna, cuando caminamos sin su amor y no hacemos su voluntad y ni siquiera apartamos tiempo para hablar a solas con Él; nos entiende mientras hay tiempo de gracia.

El tiempo es hoy para aferrarnos a sus promesas y su perfecto amor, Él nos entiende y nos da su calor, cuando nadie nos ve Él observa y calma nuestras aflicciones; mostrándonos su maravilloso amor, cuando nadie nos ve ofrece refugio en nuestro dolor, cuando nadie ve nos brinda redención y nos da un nuevo corazón; cada vez que le llamamos Él está atento para aliviar nuestras penas y quitar la tristeza, por fe nos fortalece en nuestras pruebas, por amor a nosotros, nos mira cuando nadie nos ve, nos atiende cuando hacemos tiempo a diario para postrarnos a sus pies.

Agradecidos debemos estar por su amor eterno. Él nos enseña como amar, a tocar su perdón, mirando la cruz, cuando nadie nos ve, podemos ir a solas confiados para hablar con el señor Jesús, abramos nuestra mente, hablémosle como si fuera nuestro amigo, hasta sentir su bendición; Él dará consolación y cura a nuestro corazón y será entonces ¿cuándo nos daremos cuenta qué su amor es tan grande? cuando estamos seguros que Él carga nuestras luchas, pruebas y el dolor ya no existe.

Señor Jesús contigo encuentro refugio en la tempestad, me llenas de gozo, paz, alegría, fe y valentía todo el día, nos das perfecta solución, cuando nadie nos ve Señor Jesús. Tú resuelves la angustia, nos das fuerzas, amor, sabiduría y tu bendita unción por siempre, eres ese árbol grande lleno de hojas verdes esas que tocan el cielo con sus ramas, que nos da sombra, podemos ir a Él y buscar esa sombra de amor que nos cubre cada vez que lo necesitamos, porque siempre está ahí conectado desde la tierra para que seamos nosotros que lo busquemos como un tesoro, por amor, porque lo amamos siendo libres con Él y para Él con su Espíritu Santo.

El líder que no ora ni le enseña a sus ovejas como depender de Dios, debe leer la Biblia, guardar los mandamientos y obedecer su palabra; porque Dios le quitará la capa y se la dará a aquella persona que lo busque con sinceridad, la capa es la justicia, el amor y su eterna bondad la cual tiene para cada hijo, que quiera hablar de su verdad, será predicado este evangelio en todo el mundo para testimonio de todas las personas que lo aman y buscan la verdad, el alma que se arrepienta y viva un reavivamiento espiritual lo encontrará, el Espíritu Santo está dispuesto para cada persona que lo pida con fervor.

Dios está llamado a hombres, mujeres y niños en estos tiempos para que adquieran la verdad sin tener que pagar nada de valor y no la vendan, para que se mantengan con su color blanco y puro enseñándoles a aquellas ovejas que viven solas, y se desaniman fácilmente oyendo mensajes que los confunden, se olvidan de que Jesús es nuestro Pastor, es el Pastor de pastores, los cielos se abrirán muy pronto, las plagas caerán muy pronto, la ley dominical entrará en vigencia, las profecías se están cumpliendo paso a paso, los hombres cambian leyes y las quitan los líderes de este tiempo, cambian la forma de cómo Dios quiere adoración, debe despojarse del yo y vivirle a Cristo cada momento.

Las Iglesias en el mundo entero que se preparen con medicina, comida y agua, cada Iglesia debe de tener un banco de comida, un cuarto de oración, los hombres adultos con los hombres jóvenes, niños, jóvenes que se entienda el concepto de la oración, las mujeres ancianas que oren con las adultas y las jóvenes con las niñas que practiquen la oración, de esa forma buscarán la espiritualidad.

Los jóvenes que practiquen la oración, el anciano que le enseñe al adulto, el adulto al niño, la anciana a una adulta, la adulta a una niña joven, porque la oración se debe practicar en todo momento, en la casa con la familia, los niños en la Iglesia, en grupos de obra misionera, en carteleras, hay que andar ofreciendo la oración para que todo el que quiera orar lo haga, el mundo tiene que saber que nuestro Dios está en el lugar santísimo intercediendo por cada pecador, que se arrepiente, lo busca y lo clama.

Vendrá otra guerra mundial, los hospitales no tendrán suficiente medicina, será dolor y angustia para esta humanidad, la gente que no practique la oración se confundirán, habrá personas corriendo buscando la verdad; la humanidad se perderá por no haber puesto su salvación como prioridad en sus vidas, la música, los bailes nocturnos, los deportes confundirán a los seres humanos, todos andarán tan ocupados en sus trabajos y para Dios no habrá tiempo, ni amor; si el tiempo llega ¿qué perdemos? si nos preparamos y estamos listos con ropas blancas esperando al Rey de reyes y Señor de señores, Él llegará, no lastimará las sienes de nuestro corazón, cuando caminamos hablando en la distancia despertaremos del sueño a predicar su palabra, cada día buscaremos el presente feliz, volviendo a vivir por la fe y nos aferraríamos hoy de su amor y no miraríamos el tiempo, solo su distancia.

Si Él nos diera la dicha que no vemos y el tiempo que reclamamos y no se detiene, el gozo que se siente de no ver el tiempo que tanto nos sostiene en la nada, la dicha que cada uno busca y la prefiere, el tiempo se encargará de darnos esa promesa de volver a renacer en el tiempo que vivíamos y no lo vimos cuando fuimos jóvenes y no entendíamos el tiempo que es de nuestro Creador, el tiempo que no disfrutamos viendo y viviendo sus maravillas tal vez no nos concentramos en el tiempo que nos enseña cada día a renacer de nuevo; antes que el tiempo se vaya, preparémonos con la armadura de nuestro Señor. Él la aferró en el tiempo para que no nos lastime, de ese tiempo donde tendremos fuerzas para esperarlo preparados, con su tiempo las profecías se están cumpliendo una por una y ya no hay tiempo para desperdiciar.

Este año soñé que estaba en una montaña, había mucha gente, cargaba un niño que no era mío, con mi hija y su niña caminábamos buscando un Doctor para mí, un Doctor que no conocía, una señora adulta se acercó, me dio un papel anotado en el vi su nombre; en el camino la gente llorando, vi también un hombre sentado con una bata blanca le mostré el papelito y el me indicó que fuera a donde había mucha gente, de pronto salió de la tierra mujeres con mujeres, hombres con hombres abrazados, tenían manchas de lepra y llagas en sus pieles, se les caían pedazos de piel, sangraban sus cuerpos y miraban al cielo, la gente pedían por piedad; la niña le observaba sus caras destrozadas.

Un Doctor les decía que hicieran una fila, el Doctor estaba con guantes y él también tenía su cara contaminada de lepra, se miraba mal enojado y cansado, yo miraba al cielo, sentía una brisa maravillosa pensaba: Cristo debe venir pronto; tiene que venir a curar tanto dolor y sufrimiento, las nubes bajaban bien cerca, la gente agarraba la vacuna, de repente empezó a llover; el agua cubría las montañas, corrimos mi hija y su niña, de repente estábamos en el mar y miraba a mi hija y a su niña nadando, la niña se soltó y las tres nadamos al otro lado del mar y desperté de mi sueño. Cuando nadie nos ve; el Señor si y nos escucha, porque Él está atento a oír mi oración, tu oración, la de todos, su amor es tan grande, tan misericordioso que espera atento a que abramos nuestro corazón.

Señor vamos a Ti por fe, a buscar tu amor y hasta mirarte en el lugar santísimo donde intercedes por cada pecador que se arrepiente, en medio de la tribulación, Tú estás allí intercediendo por esta humanidad que no encuentra soluciones por tanto dolor, el pecado confundió a muchos, cada persona que decide ir a Ti para pedirte la bendición y liberación, porque te ama, que hermoso es ser libre con tu amor y poder reconocer que solo en Ti podemos encontrar ese amor eterno que nos ayuda a depender de Ti, es tu amor santo y perfecto que nos sella y nos enseña a dar amor a los demás.

Gracias Jesús porque nos brindas tu amor incondicional, tu amor es tan inmensurable que día a día ofreces redención y paz en nuestras vidas, en las tormentas nos reprendes de lo malo, nos enseñas el camino de la vida para que vivamos cada amanecer llenos de tu amor perfecto y miremos tu esplendor, cuando hacemos tiempo a solas hablando contigo y nos aferramos de tu infinito amor; tú nos entiendes, nos das tu calor, cuando nadie nos ve tu nos observas y calmas nuestras aflicciones y luchas, mostrándonos comprensión, Tú nos quitas el dolor, que maravilloso es tenerte en nuestras vidas y mientras hay vida podemos ir a tu fuente de amor incondicional, cuando nadie nos ve Tú eres el Padre que cada hijo necesita para vivir llenos de amor.

El amor que le ofreces a cada uno de tus hijos no es incomparable tu nos ofreces uno puro y verdadero, por eso todos aquí en la tierra debemos profesar el amor por sobre todas las cosas, si yo hablase lenguas humanas y angélicas, y no tengo amor, vengo a ser como metal que resuena, o címbalo que retiñe y si tuviese profecía, y entendiese todos los misterios y toda ciencia, y si tuviese toda la fe, de tal manera que trasladase los montes, y no tengo amor, nada soy, y si repartiese todos mis bienes para dar de comer a los pobres, y si entregase mi cuerpo para ser quemado, y no tengo amor, de nada me sirve.

El amor es sufrido, es benigno; el amor no tiene envidia, el amor no es jactancioso, no se envanece; no hace nada indebido, no busca lo suyo, no se irrita, no guarda rencor; no se goza de la injusticia, más se goza de la verdad. Todo lo sufre, todo lo cree, todo lo espera, todo lo soporta, el amor nunca deja de ser; pero las profecías se acabarán, y cesarán las lenguas, y la ciencia acabará. Porque en parte conocemos, y en parte profetizamos; más cuando venga lo perfecto, entonces lo que es en parte se acabará.

Cuando yo era niño, hablaba como niño, pensaba como niño, juzgaba como niño; más cuando ya fui hombre, dejé lo que era de niño. Ahora vemos por espejo, oscuramente; mas entonces veremos cara a cara. Ahora conozco en parte; pero entonces conoceré como fui conocido y ahora permanecen la fe, la esperanza y el amor, estos tres; pero el mayor de ellos es el amor.

Tú nos ofreces refugio en nuestro afán y en la angustia sin reclamar y nos das un nuevo corazón si es que a solas te lo pedimos, cada vez que té llamamos Tú estás atento aliviar nuestras penas y quitas la tristeza, cuando nadie nos ve y te clamamos Tú nos respondes, debemos estar agradecidos eternamente por tu amor perfecto por haberte encontrado, por darme y darnos un nuevo corazón, por ser mi Padre y el de todos los que te aceptamos en nuestras vidas, eres ese amigo y Padre que buscaba y buscaba en mi niñez; pero por fin encontré y hasta hoy me has brindado el perfume de tu gran amor y la bendición de ser feliz por siempre, y eso es lo que quiero para todos mis hermanos de este mundo, que te busquen para que cuando te encuentren se den cuenta de todas tus maravillas y puedan sentir el amor, la paz y la felicidad que he sentido yo desde el primer día que te acepté, gracias por todo y por tanto amor mi Señor Jesús, te amo.

Amén

Printed in the United States
By Bookmasters